LEVE DE REVOLUTIE !

Leve de revolutie
© 2015 Maurice Ferares
alle rechten voorbehouden
vormgeving omslag en binnenwerk Frits van Hartingsveldt
contact: manuelperianez1940@gmail.com

LEVE DE REVOLUTIE !

MAURICE FERARES

GEDICHTEN

INHOUD

1. HEF HOOG HET VAANDEL

Hef hoog het vaandel
van de revolutie
reik zo hoog je kan

brand af paleizen
en kastelen
sloop de macht
van het kapitaal

geef lijf en bloed
voor de onderdrukten
niet voor een koning of
een president

niet voor een god
die niet bestaat
niet voor een vaderland
dat niet van jou is

2. EEN CADEAUTJE VAN HITLER

Hitler gaf Stalin
toen ze nog vrienden waren
op zijn verjaardag
honderd Duitse communisten cadeau
ze mochten meteen op reis
uit Ravensbruck en Buchenwald
naar Siberië

`Dat heb ik gezien, gevangene
van Hitler en Stalin' schreef
Margarete Neumann toen ze
terug kwam in Duitsland
ze was niet blij met haar
vroegere tovarisch in het Kremlin

Margarete was de enige die Berlijn weerzag
haar kameraden waren gestorven
van honger of door de kogels uit de geweren
van de ratten die Joseb dze Djoegasvili
op ze afstuurde

3. DE MEESTERSCHOENMAKER

In het sloofhok twee bij drie
honderd houten voeten zonder nut
op planken aan de muur
trekt hij het gepekte vlas
scherp als glas
zijn diep gegroefde
handen in

vanavond geen brood
als de klant die looft
mooi handwerk
belooft
morgen betaal ik

leg af je burgermansfatsoen vader
ga varen ga roven ga stelen
ga goud zoeken in Alaska
maak kabaal

misschien morgen
sta vroeg op jongen
dan mag je mee

4. AUSCHWITZHERDENKING

Zorgvuldig kozen zij hun woorden
de hoge heren
om de doden te herdenken

maar waar was de god die zij aanbidden
toen verhinderd moest worden dat miljoenen
in handen van moordenaars vielen

waarom negeerde hun god
de smeekbeden
van zijn uitverkoren volk
toen de nood het hoogst was

waren de handen van de moordenaars
godshanden die straften voor
begane zonden ook die
van de pasgeborenen

5. ROOD FRONT KAMERAAD

Hij was nog jong
amper dertig
toch al grijs
vel over been

communist
een van de eerste Duitsers
die in een nazikamp zaten
Dachau vlak bij Berlijn

hij moest meehelpen bouwen
had geloofd wat de leiders
van zijn partij stellig beweerden

`laat Hitler maar aan de macht
komen na zes weken zijn wij daar'

nooit mag worden vergeten
hoe de arbeiders in de wereld
door Moskou bedrogen werden

negen maanden later
leefde hij nog
dank zij de vuilnisbakken
die hij moest legen

vuilnis was eten
ook met braaksel
van dronken bewakers

het wachten was op het moment
dat hij tijdens een appèl
ineen zou storten

`rood front kameraad
groet Stalin van me
en vraag hem wat te doen
nu de zes weken van Hitler
al lang om zijn'

6. TIENVIERTJE

Klaas Olm was kaasboer
in Alkmaar
op zijn veertigste
stapte hij uit de overjarige
en ging naar jong belegen
in Amsterdam

zijn nieuwe besogne
was een tientotviertje
op het plein waar Rembrandt
al had staan wachten

de loopeenden bij Klaas
mochten niet voor twee uur
weg van de bar om met
een vrachtje te gaan stoeien
gedronken moest er worden

voorschrift was dat
na het tweede uur aan
niet vaste klanten appelsap
uit een champagnefles
werd geschonken
dat bevorderde orde, rust en omzet

na vijf jaar nachten zonder slaap
oplichterij, clandestien gegok
werken als kroegbaas en pooier
was een bank bereid hem genoeg geld te lenen
voor een hotel in Noordwijk

aan de geüniformeerde en de
in confectiepakken gestoken overheid
had Klaas geen kind
de kosten daarvan
wogen dik op tegen
het probleemloos krijgen
van vergunningen
voor alles wat stonk

als grote jongen in de horeca
werd hij tot voorbeeld gesteld
in alle kringen van
ondernemend Nederland
ook die buiten de horeca

na zijn dood door een auto-ongeluk
kregen zijn favoriete meiden
die hem op hun rug rijk hadden gemaakt
de villa in Zandvoort en de twee bordelen
in een nette buurt Amsterdam Zuid

de Bugatti en de Maybach, de gouden
schakelarmband, het Patek Philippe
polshorloge, de zes gouden ringen
en de dasspeld met briljanten
werden door de bank verkocht
voor de schuld in Noordwijk
aan het goud in z'n mond
kon de bank niet komen
dat nam hij mee

7. DE NIEUWE TSAAR

Is Poetin een nieuwe tsaar
of kameraad maarschalk zoals Stalin
Knoeichef noemden zijn nakomelingen Chroetsjef
toen die zei wat was
hij werd weggejaagd zij bleven
met andere petten op

nu zijn ze superdemocraten
schoten geen revolutionaire arbeiders
in het achterhoofd dat deed Franco
Stalin liet Trotsky niet vermoorden
dat deed een trotskist zo zijn die lieden
van goelag nooit gehoord

natuurlijk had het volk van
Boedapest in 1956 niet gelijk
dat van Praag in 1968 ook niet
en die herrieschoppers in Berlijn
en Warschau twintig jaar eerder
evenmin

het was in het belang van het
socialisme dat Slansky, Nagy
en Maleter werden vermoord
fascistisch tuig

Moskouse processen
ook Zinowiew, Kameniew,
Radek, Boecharin
oude bolsjewiki
waren beslist verraders
terecht afgemaakt

de honderdduizenden arbeiders
en boeren verbannen naar Siberië
ze zullen wel iets gedaan hebben
wat niet mocht

net als Boris Nemtsow die Poetin
gisteren heeft laten liquideren
op straat vlak bij het Kremlin
zijn verdiende loon

8. DE TIJD DRINGT

Hij houdt het lang uit
die regering van de mannen
van de `vrijheid'
met die van `de arbeid'

het succes is groot
honderdduizenden werklozen
en nog veel meer
die ten onder gaan door schulden
in dit kleine land

dank zij de mannen van `de vrijheid'
en die van `de arbeid'
kunnen de ondernemers ongestraft
de crises van hun systeem
afwentelen op de werkenden,
de jeugd, de ouderen en de zwakken

die van `de arbeid' zijn
net als hun kameraden van `de vrijheid'
tegen opstandig verzet van
de slachtoffers wier bestaan
steeds meer onhoudbaar wordt

ze hebben er zelfs geen moeite mee het
staatsgeweld te gebruiken
tegen de hongerlijders
om hun orde en wet te handhaven

ze worden ervoor beloond
met ministersposten
burgemeesters- en wethoudersbanen
na die feestjes kunnen ze terecht
in de zaken van de grote jongens of
krijgen een zak commissariaten
franco thuis

de tijd dringt voor recht
menselijke waardigheid
voor afrekening met de heren
en hun knechten

9. WEG MET DE MONARCHIE

De Nederlandse monarchie is
twee eeuwen oud een nakomertje
tussen de Europese monarchieën
die eeuwen eerder bestonden

een generatie na het uitbreken
van de Franse revolutie die de
ondernemers aan de macht bracht
werd Willem I tot soeverein koning
van Holland en België uitgeroepen
het volk was er niet bij betrokken
feest werd er niet gevierd op de dag
dat Willem uit Engeland was gekomen
twee notabelen verrichtten de klus

de vorst zat er niet mee dat het volk niets
wist van zijn benoeming
hij had weinig op met het volk
'de grondwet is een speeltje
voor het volk om dit de waan
van vrijheid te geven terwijl men
het in wezen kneedt naar de
omstandigheden' zei hij

deze eerste Hollandse monarch voerde
in Nederlands Indië het Cultuurstelsel in
zijn schatkist was leeg
duizenden Indonesiërs betaalden met hun leven
en stierven de hongerdood

Heinrich von Mecklenburg
echtgenoot van koningin Wilhelmina
was een dégénéré, permanent dronken
graag geziene gast in de Haagse bordelen.

dochter Juliana trouwde
net als haar moeder met een lid
van de verarmde Duitse adel
Bernhard von Lippe Biesterfeld
voormalig lid van Hitlers SS

deze edelman wilde Juliana
in een gekkenhuis laten opsluiten
om regent te worden totdat dochter
Beatrix achttien was
de sociaal-democraat Willem Drees
redde de monarchie

Bernhard streek 1.1 miljoen dollar op
aan steekpenningen van de Amerikaanse
vliegtuigbouwer Lockheed voor zijn advies
om materiaal van die firma te kopen
opnieuw redde een sociaal-democraat
de monarchie premier Joop den Uyl

tijdens zijn huwelijk met Juliana kreeg Bernhard
twee dochters waarvan zij niet de moeder was.
als voorzitter van het Wereldnatuurfonds
jaagde hij in Afrika op groot wild
na zijn dood is hij bijgezet in de
Koninklijke grafkelder in Delft
bij zijn familie

van de dochters van Bernhard en Juliana
trouwde Irene met een Spaanse falangist
Christina met een Spaanse contra
Beatrix met Claus van Amsberg
die in de Hitlerjugend werd opgevoed

Willem Alexander van Amsberg
de zoon van Beatrix trouwde
met Maxima Zorreguieta dochter
van een staatssecretaris in de regering van
de Argentijnse moordenaar Videla

de Oranjemonarchie heeft twee eeuwen
uitsluitend het voortbestaan van zichzelf
en het kapitalisme gediend
nu is het tijd om te verdwijnen

10. DE NIEUWE OORLOG

Al meer dan tien jaar duurt de oorlog
van de ondernemers tegen tientallen miljoenen
mannen en vrouwen in de wereld

ondanks dat zij hun brood
moeten verdienen met werken
werden ze brodeloos gemaakt

de eerste slachtoffers
waren de meest kwetsbaren
de ouderen, de zieken en jongeren

verschanst achter zijn wetten, een horde
van rechters en advocaten, de gekochte
pers en andere media beschermd door
zijn leger zijn geheime en niet geheime politie,
voert het kapitaal oorlog

geen enkele partij in de parlementen
heeft aangedrongen
op het straffen van degenen
die mensen ontsloegen

niemand heeft gevraagd politie te sturen
ter voorkoming dat bedrijven
werden gesloten omdat de investeerders
elders meer winst konden behalen

in geen enkel land waren politici
van rechts of links in de weer
om racisten en antisemieten aan te pakken
die zich verscholen achter het zogenaamde recht
van vrije meningsuiting om haat te zaaien

racisme en antisemitisme
zijn uitgekozen middelen van de uitbuiters
om de aandacht af te leiden
van de ellende en wanhoop die zij veroorzaken

daarvoor gebruiken ze populistische,
hele en halve fascistische partijen
knokploegen en oplichterspraktijken
dat is hun democratie

11. HET WARE GELOOF

Wat moet je nog met een god
als je een computer hebt
die je precies vertelt hoeveel
miljoenen jaren geleden
de eerste mens op aarde verscheen.

niks paradijs, niks Adam en Eva
niks pratende slang
geen goed en kwaad aan een
appelboom
geen god die alle talen spreekt
en van iedereen alles weet

geen totempalen, geen beelden
die huilen of zweten geen wonderen
geen mannen en vrouwen die
bidden als broodwinning

geen Mozes en Aron geen Jezus
geen thora geen bijbel
niet naar een kerk of synagoge
naar Mars en Jupiter het heelal in
geloof alleen het verstand

12. HIEP HIEP HOERA VOOR DE HEL

Niemand had me gezegd
dat ik naar de hel ging
maar nu ik onderweg ben
vind ik het prima
vroeg me alleen af
hoe die fik boven zou zijn

gelukkig geen gefemel meer
over een hemel waar ‘s morgens
het ontbijt geserveerd wordt
met een eitje en de krant
voor de eerste hersenspoeling die dag

geef mij maar de hel waar ik
kan doen en laten waar ik zin in heb
altijd en overal communist kan zijn ha ha

geen klassejustitie geen corrupte politici
geen tv-reclame
geen kapitalisten die alles bezitten
de fabrieken de huizen de mensen
hun zielen en hun verstand

boven zet ik de deuren wagenwijd open
wees welkom mensen wees gelukkig
in onze mensengemeenschap
verwarm je aan onze vriendschap
niemand is hier baas

laat het slavenbestaan achter je
wees vrij en gelukkig in de hel
hier wordt je niet bestolen
gediscrimineerd omdat je homo,
zwart of jood bent.

de duitentellers mogen
de hemel hebben
laat ze bakken in hun vet
geen hond die dat lust

13. WAAR DENKEN ZE AAN

Waar zouden zij
die zo'n hele dag
van achter de geraniums
naar buiten kijken
aan denken

neem mijn buurvrouw Greet
zou ze aan de plantkundeles
op school denken als ze
de boom voor het raam ziet
koolzuur in zuurstof uit

ze denkt misschien vanmorgen
maar één sneetje koek gehad
of potdorie waarom alleen
op zondagmorgen een ei

Herman was gisteren vijf jaar dood
wat was het veertig jaar geleden
een knappe jongen
nou is ie een rammelaar
in de metro bij Jezus

acht kinderen hadden we
twee zijn in de hemel bij Herman
de anderen redden zich wel
het is vallen en opstaan

toen ik in de bioscoop werkte
heb ik lekker verdiend in het toilet
aan dat beetje wiet en de condooms

Bertus mijn oudste heeft er
een fiets van gekregen toen hij
achttien werd
ik eczeem aan me handen
stinkende troep

drie jaar zit ik hier al
voor mij hoeft het niet langer
met plezier ga ik met mijn voeten
naar voren hier de tent uit

och ik mag niet ontevreden zijn
al die miljoenen vluchtelingen
waarom helpen ze die mensen niet
wel zakken vol geld uitgeven voor kanonnen
dat noemen ze fatsoen

veel mensen denken beslist
hoe zal het zijn als ik dood ben
ze verwachten god te zien
anderen geloven niet aan
een man op de tiende verdieping
die altijd in pyjama rondloopt
nooit ruzie met zijn vrouw maakt
terwijl de flat maar vijf etages heeft

zeker hebben mensen gedacht
aan wat het ze heeft opgeleverd veertig jaar
als journalist bij een krant te hebben gewerkt
en hun eigen leugens zijn gaan geloven
of de ander die minister president was
jaarlijks schreef hij de troonrede voor de koning
jaren later zei hij in een eerlijke bui tegen zijn vrouw
wat een shit heb ik ze verkocht om mijn baan te houden

velen zullen zich hebben afgevraagd
waarom het ooit oorlog geweest is
en de partij waarop ze stemden zich niet
aan zijn beloften heeft gehouden

zouden er geweest zijn die achter de geraniums
gedacht hebben
je bent nooit te oud om revolutie te maken
om van die ellende af te komen

Ik hoop het.

14. DE WAARHEID MOET GEZEGD WORDEN

De waarheid moet gezegd worden
niet hun waarheid
onze waarheid
niet de waarheid die ze
ons ieder uur van de dag
willen doen geloven
in de krant en op de tv

hun waarheid is die van de dieven
en hun banken
van de staat die onderdrukt
het is de staat van de boeven
de moordenaars de zogenaamde
nette mensen

de staat die mensen oorlog laat voeren
tegen hun gelijken
die mensen ophitst elkaar te haten
omdat ze van elders komen
een andere taal spreken willen eten
de staat is een vijgenblad
voor alles wat slecht is

de staat die het volk plundert
de staat en zijn `diensten' die in het donker
ongestraft misdaden begaan
onder het mom van bescherming
van vrijheid en recht

de staat van het machteloze parlement
van de collaborerende politieke partijen
van de baantjesjagers, de slippendragers
en de wetenschappelijke lakeien

schreeuw het van de daken
schrijf het op alle muren
de waarheid moet gezegd worden

15. EUROPA WAARHEEN ?

Boven alles is de laatste weken bewezen
dat Europa niet van de volken is
het is van de Deutsche Bank en soortgenoten

het Griekse volk zal nog erger de ellende in gaan
ook alle andere volken in Europa
zullen de komende jaren
voor de roofoverval op Griekenland
moeten bloeden

de banken zullen de winst opstrijken
politieke hulpjes als frau Merkel,
Hollande en Dijsselbloem
die zich voor het judaswerk leenden
krijgen een schouderklop en zullen er wel bij varen

16. DERTIG VROUWEN

Ze staken en vasten
voor de vrede
dertig vrouwen
moslima's en jodinnen

in een tent in Jerusalem
voor de deur
van Netanyahu
de oorlogsheld

het bewijs wordt geleverd
dat moslims en joden
samen kunnen streven
naar het hoogste ideaal
kameraadschap in vrede

geen jodenvervolging
het einde van de nakba
geen politiek spel om macht
en bezit

kunnen deze vrouwen
waartoe andere vrouwen
en mannen
onmachtig zouden zijn?

leven in een ongedeeld land
gelijkwaardigheid
voor alle burgers ongeacht
hun godsdienstige of
maatschappelijke overtuiging

17. DAGRAPPORT 30 JULI 2015

Een en twintig miljoen
werklozen in Europa
de crisis is voorbij
kwaakt de regering
laat de Grieken maar rotten
wij bezuinigen verder

Shell maakte in drie maanden
3,8 dollar miljard winst
het dividend wordt
niet verlaagd
6500 werknemers worden
de straat op geschopt

een man met een lange baard
wilde in zijn heilige land
mensen op straat
met een mes vermoorden
het was zijn geloof

een andere orthodoxe baardman
stak in zijn heilige land
een Palestijns huis in brand
een baby verbrandde
het was zijn geloof.

18. DE NIEUWE TIJD BREEKT AAN

Er is reden voor optimisme
voor vreugde
nieuwe tijden breken aan
voor een wereld waarin alle mensen
van jong tot oud zelf beslissen over hun
bestaan

na de overwinning van de arbeiders
in Rusland in 1917 werd de hoop geboren
dat die voor allen zou gaan gelden
overal ontwaakten zij die slechts
van de vrijheid hadden gedroomd

gifwolken van het rottende kapitalisme
zijn oorlogen en periodieke crises
onttrokken het zicht op de toekomst van de mensheid

stalinistische bureaucratische verloedering in Rusland
en China hadden een rampzalige invloed
op de strijd voor de nieuwe wereld

de sociaal-democratie liet zich corrumperen
voor de voordelen van zijn leiders
werd de meest betrouwbare helper
van de onderdrukkers

dit alles behoort spoedig tot het verleden
de mensheid treedt in een nieuwe fase
van zijn bestaan
de oude krachten zijn tot ondergang gedoemd

het is waar
geen ijdele wens

nieuwe kracht doorstroomt de volken
de kracht van de vrijheid
de afrekening met het verleden
met de gewetenloze jacht op geld
zal niet lang meer op zich laten wachten

het is ook uw strijd
onze strijd.

19. HET KON TOEN - HET KAN NU

We realiseren het ons niet vaak
worden er ook niet aan herinnerd
dat er in de wereld
in nog geen driekwart eeuw
een mensenleeftijd
enorme maatschappelijke,
economische en politieke
veranderingen plaatsvonden

de volken in alle landen van Afrika,
hebben zich in enkele jaren
bevrijd van alle westerse plunderaars
Engelsen, Fransen, Belgen, Portugezen
en Italianen werden verjaagd
uit het hele continent

India overwon de Engelsen
Indo-China de Fransen en de Amerikanen
China bevrijdde zich van alle westerse
en Japanse rovers
de Philipijnen verdreven Spanjaarden
en Amerikanen

Suriname werd onafhankelijk evenals
Pakistan, Bangla Desh, Thailand, Ceylon en Maleisië
het Indonesische volk ontworstelde zich
na driehonderdvijftig jaar aan de greep
van het Hollandse imperialisme
geen plundering van die landen
geen slavernij meer

al die volken hebben zich op eigen kracht bevrijd
thans staan zij en wij voor een nieuwe opdracht
het scheppen van een nieuw
maatschappelijk systeem voor alle mensen

het kapitalisme waaronder
ze thans gebukt gaan
heeft zich sedert lang overleefd
kan niets anders meer bieden
dan neergang en afbraak

wat in de tijd die achter ons ligt kon
kan ook nu en zal in de toekomst kunnen
aan hindernissen zal het niet ontbreken
en de offers die voor de strijd
gevraagd worden zullen niet gering zijn

het systeem zal alles op alles zetten
om de machtsovername door het volk te verhinderen
tijdens het interbellum 1918-1940
maakte het daarvoor gebruik
van fascistische regiems
nu heeft het zich verschanst in instellingen
als de Europese Unie, de ECB, het IMF
het doel is ongewijzigd

de aanval van hen op het Griekse volk
toont hoe noodzakelijk het is solidair te zijn en
een front van allen te maken tegenover het grootkapitaal
alle onderdrukten in de wereld zijn één volk
een aanval op één is een aanval op allen

20. GEEN GROTE GOLVEN MEER

Er komen geen grote golven meer
op mijn strand

het tij voor het ophalen
van herinneringen
is voorbij
alleen het heden
telt hoe kort hoe lang nog

ik deed naar vermogen
heb nergens spijt van
maar had graag het socialisme
zien opbloeien
in een gelukkige wereld
zonder leugens en bedrog

komende generaties
zullen het meemaken
zeker absoluut zeker
er is alle reden om te juichen

het leven is de toekomst
met vrijheid en gelijkheid
voor alle mensen
tot in alle uithoeken
van de wereld

21. WERELD SCHREEUW HET UIT

Mohammed Allaan
ligt in hongerstaking
te sterven als gevangene
in Israël
hij is onschuldig
zijn enige misdaad was
als Palestijn geboren te worden

Allaan is een van de vierhonderd
onschuldige Palestijnen die door Israël
in `administratieve gevangenschap'
worden gehouden

een racistische daad
van Netanyahu en zijn
fascistoïde bondgenoten
de grootste schuldigen
aan het groeiende antisemitisme
in de wereld

Allaan is een jurist van 31 jaar
komt op voor de rechten
van zijn broeders en geeft nu zijn
leven aan hen

wereld schreeuw tegen het onrecht
dat de Palestijnen wordt aangedaan
schreeuw en verhinder hun uitroeiing
door Israël

u verhinderde niet dat zes miljoen
joden werden vermoord
maak nu goed wat u toen hebt verzaakt
redt de Palestijnen een broedervolk

22. DAGRAPPORT 17 AUGUSTUS

Zeventig jaar geleden dwongen jongeren
Soekarno die ze hadden ontvoerd
Indonesië onafhankelijk te verklaren
zeshonderd miljoen moest Indonesië
betalen als vergoeding van de kosten
voor de oorlog die Nederland
vijf jaar tegen het land voerde

de regering van India geeft armen
acht tot tien euro per maand om
te leven en te sterven
het systeem werkt goed zegt men

drie ex-directeuren van sociale
woningcorporaties ontvingen
zeshonderdduizend euro als
ontslagpremie
de daklozen bleven dakloos

twee directeuren van het
staatsbedrijf Liander
verdienen ieder 400.000 euro
per jaar
het is niet in strijd met de wet
minister Plasterk is akkoord

de Deutsche bank dwingt
het Griekse volk zijn revolutie
te verkopen
het mag kiezen tussen minder honger
en meer honger.

de nederlandse premier marcheerde
vannacht mee met de Rode Baretten
bierdouche en rode baret hebben jullie
verdiend zei hij tegen de mannen
na afloop van de mars
flinke jongen die eerste minister

Duizenden ontvluchten
Afrika en het Midden Oosten
Europa krijgt de rekening
gepresenteerd
voor eeuwen handel in mensen
en plundering van al hun bezit
huil niet koloniale rovers
geef die mensen eten en onderdak.

23. AAN ALLES KOMT EEN EIND

Onlangs is een wereld
in het heelal ontdekt
die op de aarde lijkt
menselijk leven is daar mogelijk
zeiden de ontdekkers
we zullen ze nooit zien
zij ons niet
de afstand naar hen
is 14.000 lichtjaren

op dezelfde dag zijn in Zuid Afrika
de resten gevonden van Klein Voet
een mensachtige
die meer dan 3,5 miljoen jaar geleden
daar heeft geleefd

fris drinkwater en voedsel
zullen haar niet door anderen
zijn onthouden
ze heeft niet geleefd in een systeem
waarin dat gewoon was

ze werd niet gedwongen
een smal leven te lijden
omdat anderen een zo breed mogelijk
wilden

er bestonden geen leger en politie
geen gevangenissen om haar te dwingen
te leven zoals anderen dat wensten
de vrucht van iemands werk werd
toen door niemand gestolen

aan dat alles kwam een eind
nu leeft de mensheid
in de beschaving
van het kapitalisme
ook daar komt gelukkig een eind aan

VERSCHENEN VAN MAURICE FERARES

Herinneringen

VIOLIST IN HET VERZET (1940-1945)

Romans

HET AVONDCONCERT
HET LATRINECOMMANDO
MOUSSEBILINES (Vrijwilligers voor de dood)
DE WRAAK VAN EEN ONDERDUIKER

Essay (geschiedenis)

DE REVOLUTIE DIE VERBODEN WERD
(Indonesië 1945-1949)

Romans in het Frans

MOUSSEBILINES (Volontaires pour la mort)
LA VENGEANCE D'UN JUIF CLANDESTIN

Gedichten

IK WACHT NOG STEEDS
LEVE DE REVOLUTIE !

Al deze publicaties zijn print on demand, paperback gebonden,
te bestellen via **www.lulu.com**

www.ingramcontent.com/pod-product-compliance
Ingram Content Group UK Ltd.
Pitfield, Milton Keynes, MK11 3LW, UK
UKHW020232250726
13967UKWH00001B/330